BEI GRIN MACHT SICH II
WISSEN BEZAHLT

- Wir veröffentlichen Ihre Hausarbeit,
  Bachelor- und Masterarbeit

- Ihr eigenes eBook und Buch -
  weltweit in allen wichtigen Shops

- Verdienen Sie an jedem Verkauf

Jetzt bei www.GRIN.com hochladen
und kostenlos publizieren

Benjamin Hübner

Berechtigungskonzepte zur Sicherstellung von Prozess-Sicherheit in ERP-Systemen

GRIN Verlag

Bibliografische Information der Deutschen Nationalbibliothek:

Die Deutsche Bibliothek verzeichnet diese Publikation in der Deutschen National-
bibliografie; detaillierte bibliografische Daten sind im Internet über http://dnb.d-
nb.de/ abrufbar.

Impressum:

Copyright © 2009 GRIN Verlag GmbH
Druck und Bindung: Books on Demand GmbH, Norderstedt Germany
ISBN: 978-3-656-28729-2

GRIN - Your knowledge has value

Der GRIN Verlag publiziert seit 1998 wissenschaftliche Arbeiten von Studenten, Hochschullehrern und anderen Akademikern als eBook und gedrucktes Buch. Die Verlagswebsite www.grin.com ist die ideale Plattform zur Veröffentlichung von Hausarbeiten, Abschlussarbeiten, wissenschaftlichen Aufsätzen, Dissertationen und Fachbüchern.

Besuchen Sie uns im Internet:

http://www.grin.com/

http://www.facebook.com/grincom

http://www.twitter.com/grin_com

Benjamin Hübner

Berechtigungskonzepte

zur Sicherstellung von Prozess-Sicherheit in ERP-Systemen

Inhaltsverzeichnis

I Tabellenverzeichnis 3

II Abbildungsverzeichnis 3

III Abkürzungsverzeichnis 3

1. Einleitung 4

2. Begrifflichkeit und Problemstellung 5

    2.1. DV-gestützte Geschäftsprozesse in der Unternehmung 5

    2.2. Bedeutung der Prozess-Sicherheit für die Unternehmung....................................... 7

    2.3. Anforderungen zur Sicherstellung der Prozess-Sicherheit 9

3. Konzeptionelle Ansätze des Berechtigungsmanagements... 12

    3.1. Anforderungen an ein Berechtigungskonzept 12

    3.2. Strukturelle Ansätze... 13

    3.3. Funktionale Ansätze... 14

        3.3.1. Identitätsmanagement.. 14

        3.3.2. Berechtigungsmanagement 16

            3.3.2.1. Einzelfallbasierte Berechtigungsmodelle.. 17

            3.3.2.2. Gruppenbasierte Berechtigungsmodelle.. 17

            3.3.2.3. Rollenbasierte Berechtigungsmodelle.. 18

    3.4. Organisatorische Ansätze 22

4. Fazit 24

IV weiterführende Literatur 25

I Tabellenverzeichnis

Tab. 1: Vergleich verschiedener Rechtezuweisungskonzepte 21

II Abbildungsverzeichnis

Abb. 1: Multi-Level-Systeme vs. multilaterale Systeme 13

Abb. 2: Das 3-Schicht-ERP-Modell 14

Abb. 3: Single-Sign-On vs. fortwährende Autorisierungsprüfung 15

Abb. 4: Vergleich verschiedener Rechtezuweisungskonzepte 21

III Abkürzungsverzeichnis

ABAP	Advanced Business Application Programming
AD	Active Directory
BDSG	Bundesdatenschutzgesetz
EDV	Elektronische Datenverarbeitung
C/SIDE	Client Server system integrated development environment
DAC	Discretionary Access Control
DB	Datenbank
DV	Datenverarbeitung
DBMS	Datenbankmanagementsystem
ERP	Enterprise Resource Planning
DW	Data Warehouse
IDW	Institut der Wirtschaftsprüfer
MAC	Mandatory Access Control
OLAP	Online Analytical Processing
OLTP	Online Transaction Processing
RBAC	Role Based Access Control
SOX	Sarbanes-Oxley Act
SSO	Single Sign On

1. Einleitung

Die vorliegende Arbeit beschäftigt sich mit in der Praxis verbreiteten exemplarisch ausgewählten Berechtigungskonzepten zur Sicherstellung der ordnungsgemäßen Abwicklung der betriebswirtschaftlichen Geschäftsprozesse mit Unterstützung von EDV-Systemen unter besonderer Berücksichtigung ihrer Bedeutung für die Prozess-Sicherheit. Vor dem Hintergrund, dass Unternehmungen neben dem Interesse an einer hohen Prozess-Sicherheit im ERP-System zur Vermeidung von unnötigen Kosten und Suboptimierung verschiedenen regulativen Normen unterworfen sind, welche die korrekte Durchführung von ERP-Prozessen einfordern, trägt die Einführung von Berechtigungssystemen in der betrieblichen ERP-Landschaft einen wichtigen Teil hierzu bei.

Allerdings ist zu beachten, dass die Einführung von Berechtigungssystemen selbst mit Kosten einhergeht, was es erforderlich macht, dass diese in möglichst effizienter Form und in Hinsicht auf einen positiven Beitrag zum Unternehmenserfolg ausgewählt und eingesetzt werden.

Insbesondere die Abbildung komplexer Berechtigungsstrukturen impliziert einen gewissen Aufwand in der Vorplanung der Implementierung eines Berechtigungssystems, um einen fortwährenden effizienten Betrieb mit möglichst wenig administrativem Aufwand zu ermöglichen. Des Weiteren macht das Vorhandensein mehrerer unterschiedlicher betrieblich gleichzeitig genutzter ERP-Anwendungen, wie es oft in größeren Unternehmungen anzutreffen ist, eine applikationsübergreifende konzeptionelle Lösung und eine dementsprechende softwaretechnische Schnittstellenkommunikation nötig.

Im Folgenden soll dargelegt werden, welchen Stellenwert die Prozess-Sicherheit in einem ERP-System hat, welchen diesbezüglichen Anforderungen Unternehmungen heutzutage gegenüberstehen und wie man durch die Einführung von Berechtigungssystemen diese unterstützen kann.

Desweiteren soll dargelegt werden, welche unterschiedlichen Möglichkeiten es bei der Konzeption von Berechtigungssystemen gibt und wo im Einzelnen die Vor- und Nachteile liegen, und es sollen wichtige in der betrieblichen Praxis verbreitete Ansätze vorgestellt und bewertet werden, insbesondere auch wie eine konkrete Implementierung in das betriebliche Umfeld erfolgen kann.

2. Begrifflichkeit und Problemstellung

2.1. DV-gestützte Geschäftsprozesse in der Unternehmung

Im betrieblichen Umfeld finden sich sehr verschiedene Geschäftsprozesse wieder. Ein Geschäftsprozess kann definiert werden als ein Prozess, also eine zielgerichtete Abfolge von Handlungen, Aufgaben oder Aktivitäten in logischer und zeitlicher Reihenfolge, der aus mehreren bis vielen Teilprozessen bzw. Vorgängen/Aktivitäten besteht, durch die bestimmte betriebliche Ziele erreicht werden sollen.[1] Als typische Geschäftsprozesse im Wirtschaftsunternehmen, welches im Folgenden als betriebliche Unternehmung bezeichnet wird, können exemplarisch alle Prozesse rund um die Themen Einkauf, Produktion, Vertrieb und Rechnungswesen genannt werden.

Im Rahmen der Entwicklung der betrieblichen Abläufe innerhalb der letzten Jahrzehnte haben sich durch die zunehmende Technisierung und Digitalisierung viele neue Möglichkeiten und Handlungsfelder eröffnet, dessen Nutzung neben einem erhöhten Wertschöpfungspotential durch eine deutliche Erhöhung des Aufkommens von Daten einhergehen. Diese Herausforderungen werden mittlerweile mit Hilfe der elektronischen Datenverarbeitung angegangen. Hier haben sich in den letzten Jahrzehnten verschiedene Konzepte herausentwickelt, mit welchen man die betrieblichen Prozesse DV-gestützt abbilden[2] und unterstützen kann. Als wichtige potentiell realisierbare Vorteile durch DV-gestützte Geschäftsprozessbearbeitung können insbesondere genannt werden

- Entlastung von Routineprozessen durch Automatisierung
- Vereinfachte Datenverarbeitung
- Automatische Konsistenzprüfung
- Möglichkeit der automatisierten Aggregation und Auswertung der Datenbasis

Vor diesem Hintergrund haben sich unterschiedliche Konzeptionsformen betriebswirtschaftlicher Software entwickelt, einerseits transaktionsabbildende Systeme wie zum Beispiel eine Warenwirtschaftssoftware und Analysesysteme wie zum Beispiel eine Business-Intelligence-Lösung. In transaktionsabbildenden Systemen werden die real vorzufindenden betrieblichen Geschäftsprozesse möglichst unter Berücksichtigung aller damit einhergehenden Eigenschaften und Abhängigkeiten modelliert. Hierzu werden Stammdaten (meist statische Grunddaten) und Bewegungsdaten (Transaktionsdaten mit Zeitbezug) in einer zentralen Datenbank gespeichert und ein gegenseitiger Bezug hergestellt. Das Datenbankmanagementsystem (DBMS), in diesem Zusammenhang oft auch als Data Warehouse bezeichnet, verwaltet diese Daten.

---

[1] In Anlehnung an Seibt 1994, S. 2
[2] nach Odenthal Unternehmensberatung: Prozessorientierte Prüfungsansätze im R/3, Eigenverlag, S.9

In Analysesystemen werden primär die in der Datenbank des transaktionsabbildenden Systems vorliegenden Datensätze nach verschiedenen Konzepten extrahiert, transformiert, speziell aufbereitet und dann unter betriebswirtschaftlichen Aspekten mit speziellen Methoden analysiert. Ein betriebswirtschaftliches Softwaresystem kann jeweils eines der Merkmale oder die Merkmale beider Systeme erfüllen, die Abgrenzung ist hier schwierig. Insbesondere transaktionsabbildende Systeme verfügen meist auch über mehr oder weniger umfangreiche Möglichkeiten, die eigene Datenbasis nach bestimmten in der jeweiligen Software festgelegten Verfahren zu analysieren.

Aufgrund der mit DV-gestützer Geschäftsprozessabwicklung oft einhergehender großen Datenverarbeitungsmengen wurden zeitaufwändige Datenverarbeitungs- und Rechenprozesse zu Beginn des Aufkommens der Nutzung der elektronischen Datenverarbeitung aufgrund der Nichtverfügbarkeit ausreichend performanter Rechnersysteme oft als Stapelverarbeitungsprozess in der Nacht durchgeführt. Durch den rapiden Preisverfall und die technische Weiterentwicklung im Bereich der Rechen- und Prozessorgeschwindigkeiten kann heute auf Systeme zurückgegriffen werden, welche die eingegebenen Daten sofort verarbeiten. Daher bezeichnet man diese konsequenterweise als Online-Transaktionssysteme (OLTP) bzw. Online-Analysesysteme(OLAP). Die weiteren Ausführungen werden sich thematisch auf den Einsatz von typischen OLTP-Systemen beschränken.

Der OLTP-Ansatz bietet den Vorteil, dass einzelne betriebliche Funktionsbereiche die Möglichkeit haben, die dort anfallenden Geschäftsprozesse DV-gestützt zu bearbeiten und in diesem Zuge von den Potentialen der IT-Integration zu profitieren. Ein weitergehender Ansatz im Einsatz transaktionsabbildender betriebswirtschaftlicher Softwaresysteme ist nun, einen Großteil oder sogar alle betrieblichen Ressourcen wie Kapital, Betriebsmittel und Personal in einem Softwaresystem abzubilden [3] und deren Einsatz unter Berücksichtigung der konkreten betrieblichen Geschäftsprozesse in möglichst effizienter Art und Weise zu planen und durchzuführen. Dieser Ansatz wird als „Enterprise Resource Planning", kurz ERP bezeichnet. Diese ERP-Systeme sollen möglichst alle betrieblichen Strukturen und Geschäftsprozesse so genau wie möglich abbilden.

Vor dem Hintergrund, dass hier insbesondere auch Kernwertschöpfungsprozesse sowie gesetzlich vorgeschriebene Prozesse wie zum Beispiel alle Prozesse rund um die Finanzbuchhaltung geplant, durchgeführt und dokumentiert werden, wird deutlich, dass diese Prozesse, wenn sie in einem ERP-System durchgeführt werden, besonders abgesichert werden müssen, um eine ordnungsgemäße Prozessdurchführung zu gewährleisten, um Schaden von der Unternehmung abzuwenden und

---

[3] nach Stahlknecht/Hasenkamp: Einführung in die Wirtschaftsinformatik, Springer, 11. Aufl, S. 327

Suboptimierung vorzubeugen. Insbesondere muss sichergestellt sein, dass jeder durch das ERP-System ermöglichte Geschäftsprozess nur von demjenigen Mitarbeiter durchgeführt werden kann, der hierzu durch die betriebliche Organisationsstruktur berechtigt ist. Die folgenden Ausführungen gehen darauf ein, wie man durch verschiedene Berechtigungskonzepte das Ziel einer möglichst hohen Prozess-Sicherheit im ERP-System unterstützen kann.

2.2. Bedeutung der Prozess-Sicherheit für die Unternehmung

Für die Auswahl von verschiedenen Sicherungs- und Schutzmechanismen wie zum Beispiel Berechtigungskonzepte scheint es sinnvoll, erst einmal zu hinterfragen, welche betrieblichen ERP-gestützten Prozesse als kritisch und damit besonders schützenswert gelten.

Kritische Prozesse können als solche Prozesse definiert werden, bei deren nicht ordnungsgemäßer Durchführung für die betriebliche Unternehmung ein überdurchschnittlicher Schaden entsteht. [4]Vorteil dieser Definition ist, dass diese einfach auf verschiedenste isolierte Prozesse angewendet werden kann und diese dann aufgrund ihres Schadenpotentials verglichen werden können. Ein gravierender Nachteil dieser Vorgehensweise ist jedoch, dass die unterschiedlichen Verflechtungen der einzelnen Prozesse untereinander nicht berücksichtigt werden. Dies soll am folgenden Beispiel deutlich gemacht werden.

Insbesondere strategische ERP-gestützte Planungsprozesse greifen oft auf Aggregationen von Daten zu, welche aus großen Teilen des gesamten Datenbestandes gewonnen werden. Somit gehen auch Ergebnisse von Prozessen, welche auf den ersten Blick nicht als kritische Kernprozesse aufgefasst werden müssen, als Prozessinput in kritische Prozessbereiche wie zum Beispiel strategische Planungsprozesse ein.

Aus diesem Grunde ergibt sich die Notwendigkeit, bei möglichst allen anfallenden Prozessen in der ERP-gestützten Geschäftsprozessdurchführung eine möglichst hohe Prozess-Sicherheit zu erreichen. Neben der Gefahr von fehlerhaften Planungen im Rahmen strategischer Prozesse, welche sich negativ auf den Unternehmenserfolg auswirken können, wurden seitens der Gesetzgeber verschiedene Normen geschaffen, wessen Einhaltung im Rahmen einer Corporate Compliance insbesondere auch eine hohe Prozess-Sicherheit in verschiedenen Bereichen erfordert. Hervorzuheben ist beispielsweise der Sarbanes-Oxley-Act der US-Verwaltung, welcher Unternehmen vor dem Hintergrund verschiedener „Bilanzskandale" zu internen Kontrollen der durchgeführten

---

[4] nach http://www.plmseite.de/Prozesssicherheit.html

Prozesse und der Sicherstellung der logischen Sicherheit im ERP-System über ein Berechtigungssystem verpflichtet[5]. Im Rahmen des sogenannten EuroSox-Verfahrens beabsichtigt die Europäische Kommission, auch in Europa vergleichbare Normen zu schaffen[6], welche von den Mitgliedsländern in nationales Recht zu übertragen sind. Ein anderes Beispiel stellen die bereits bestehenden Datenschutzgesetze[7] der Bundesrepublik Deutschland dar, welche Unternehmen verpflichten, bestimmte personenbezogene Daten wie zum Beispiel Mitarbeiterstammdaten, Arbeitszeitkonten etc. nicht jedermann mit Zugang zum ERP-System zugänglich zu machen, sowie die Anforderungen des Handelsrechts an die ordnungsgemäße Buchführung.

Das Handelsgesetzbuch beispielsweise fordert[8] die Einhaltung der Grundsätze ordnungsgemäßer Buchführung (GoB), die Nachvollziehbarkeit der Buchführungs- und Rechnungslegungsverfahren sowie der konkreten Buchungen sowie die Einhaltung von Aufbewahrungsvorschriften. Diese Grundsätze sind auch auf ERP-gestütze Prozesse anzuwenden. Hier sind zudem die verbindlichen Grundsätze ordnungsmäßiger DV-gestützter Buchführungssysteme (GoBS)[9] zu nennen. Diese stellen eine Erweiterung der Grundsätze ordnungsgemäßer Buchführung (GoB) in Hinsicht auf DV-gestützte Geschäftsprozesse dar. Einige wichtige Anforderungen sollen im Folgenden dargestellt werden.

Ein wichtiger Grundsatz ist, dass das zum Einsatz kommende DV-Verfahren die Gewähr dafür bieten muss, dass alle Informationen, die in den Datenverarbeitungsprozess eingebracht werden, erfasst werden und zudem nicht mehr unterdrückt werden können [10]. Geschäftsvorfälle bei systemgestützten-Buchführungen sind dann ordnungsgemäß gebucht, wenn sie vollständig, formal richtig, zeitgerecht und verarbeitungsfähig erfasst und gespeichert sind[11]. Durch Kontrollen ist sicherzustellen, dass alle Geschäftsvorfälle vollständig erfasst werden und nach erfolgter Buchung nicht unbefugt (d. h. nicht ohne Zugriffsschutzverfahren) und nicht ohne Nachweis des vorausgegangenen Zustandes verändert werden können.[12] Fehlerhafte Buchungen müssen durch Storno- oder Neubuchungen korrigiert werden und dürfen nicht einfach „gelöscht" werden. Im Rahmen des Belegprinzips ist durch geeignete Verfahren sicherzustellen, dass ein Nachweis über den Zusammenhang zwischen den realen Geschäftsprozessen und dem gebuchten Inhalt erbracht

---

[5] Vgl. http://www.computerwoche.de/knowledge_center/compliance_recht/1856662/index2.html#d2e271
[6] Yildiz: Die Neufassung der 8. EU-Richtlinie („Abschlussprüfer-Richtlinie) und nationaler Transformationsbedarf, Universität Hamburg, 2006
[7] Siehe zum Beispiel Bundesdatenschutzgesetz, http://www.bundesrecht.juris.de/bdsg_1990/
[8] Vgl. §§ 238,239,257 HGB
[9] Vgl. Schreiben des Bundesministeriums der Finanzen an die obersten Finanzbehörden der Länder vom 7. November 1995 - IV A 8 - S 0316 - 52/95- BStBl 1995 I S. 738
[10] Vgl. § 146 Abs. 4 AO
[11] Zitat nach Anlage zum BMF-Schreiben vom 7. November 1995, IV A 8 - S 0316 - 52/95, Seite 4
[12] Zitat nach Anlage zum BMF-Schreiben vom 7. November 1995, IV A 8 - S 0316 - 52/95, Seite 5

werden kann. Auf Datensicherheit in Hinsicht auf unberechtigte Kenntnisnahme sowie nachträgliche unerlaubte Manipulation, Vernichtung oder auch Diebstahl ist zu achten. Jeder Geschäftsvorfall ist in Hinsicht auf die zu buchende Wert- und Mengangabe, den Buchungszeitpunkt und die buchende Person zu dokumentieren.

Zur Verwirklichung dieser Anforderungen werden konkret betriebsinterne Zugriffskontrollsysteme gefordert, welche dem Schutz der Informationen gegen unberechtigtes Einsehen oder Verändern sicherstellen und bestimmten Anforderungen genügen[13], insbesondere maschinelle und manuelle Kontrollen der Prozesse beinhalten und deren Durchführung dokumentieren. Empfohlen wird, standardisierte Arbeitsabläufe festzulegen und Funktionstrennungskonflikte zu vermeiden. Ist eine geforderte Funktionstrennung aufgrund betrieblicher Umstände, z. B. zu wenige Mitarbeiter, nicht möglich, so sind so sind alternativ kompensierende Kontrollen zu installieren, um so eine Verringerung des ansonsten vorliegenden Risikos zu erhalten.

Vor diesem exemplarisch gewählten Hintergrund wird deutlich, dass das Thema Prozess-Sicherheit sich über alle Funktionsbereiche der Unternehmung erstreckt und an innerbetrieblichen wie extern aufgeprägten Umständen gemessen werden muss. Die unbeabsichtigte oder beabsichtigte unautorisierte Durchführung von Aktivitäten im ERP-Umfeld, insbesondere die Manipulation, das Hinzufügen oder das Entfernen von Objekten in der ERP-Datenbank oder das Anstoßen weitergehender ERP-Prozesse oder das unautorisierte Anweisen betrieblich-organisatorischer Workflows über das ERP-System kann nicht zuletzt aufgrund des integrierten Charakters einer ERP-Softwarelösung zu unabsehbaren Schäden führen. Neben der Störung des operativen betrieblichen Geschehens wie zum Beispiel eines fehlerhaften Procurement-Prozesses können ebenso negative Effekte auf der strategischen Ebene wie zum Beispiel Fehlplanungen aufgrund fehlerhafter ERP-Datengrundlagen sowie in der Interaktion mit dem regulativem Umfeld wie zum Beispiel Verstöße gegen gesetzliche Normen auftreten. Betriebliches Ziel ist es, das mit der DV-gestützten Abwicklung von Geschäftsprozessen verbundene Prozessrisiko, also das Risiko, dass ERP-Prozesse aus den verschiedensten Gründen fehlschlagen oder zu negativen externen Effekten führen, möglichst gering zu halten, die Vorteile der DV-gestützten Geschäftsprozessabwicklung aber trotzdem in möglichst hohem Maße zu nutzen.

2.3. Anforderungen zur Sicherstellung der Prozess-Sicherheit

Die Frage, die sich nun stellt, ist wie man die vielfältigen innerbetrieblichen wie extern aufgeprägten Anforderungen an die Prozess-Sicherheit möglichst umfassend erfüllt.

---

[13] Zitat nach Anlage zum BMF-Schreiben vom 7. November 1995, IV A 8 - S 0316 - 52/95, Seite 6

Als wichtige Anforderungen an die ERP-Softwareanwendung zur Erzielung einer möglichst hohen Prozess-Sicherheit können genannt werden:[14]

a) Funktionalität der Anwendung, d. h. die Anwendung prüft den Prozessinput auf Konsistenz und führt den Geschäftsprozess auf Aufforderung dann ordnungsgemäß und funktionsgerecht durch.

   Beispiel: Das Finanzbuchhaltungsmodul bucht einen Buchungssatz, so wie ihn der Bediener als Prozessinput übergibt, korrekt in das Hauptbuch ein.

b) Verfügbarkeit der Anwendung, d. h. die Anwendung steht dem Mitarbeiter bei Bedarf auch tatsächlich funktionsfähig zur Verfügung.

   Beispiel: Der Mitarbeiter in der Finanzbuchhaltung hat Zugriff auf das Finanzbuchhaltungsmodul und die benötigten Transaktionen.

c) Transparenz der Anwendung, d. h. die Funktionsweise der ERP-Anwendung ist durchschaubar und überprüfbar und es liegt somit kein „Black-Box"-Verhalten vor.

   Beispiel: Der Mitarbeiter kann denn Quellcode der Anwendung einsehen, um die Funktionsweise der Software zu verstehen .

Der IDW[15] nennt [16] desweiteren als wichtige Kriterien an ein betriebliches ERP-System die folgenden Punkte, welche den Anforderungskatalog erweitern:

d) Integrität der Anwendung, d. h. die Applikation ist vor manipulativen Veränderungen geschützt.

   Beispiel: Die Veränderung des Applikationsquellcodes ist nur autorisierten Mitarbeitern möglich.

e) Autorisierung der Anwendung, d. h. dass nur im Voraus bestimmte (autorisierte) Personen auf die ERP-Prozesse zugreifen können.

   Beispiel: Ein Procurement-Prozess im ERP-System kann nur von einem vorher festgelegten Einkäufer angestoßen werden.

---

[14] nach SAP Business Solution Group, http://www.bsgroup.ch/index.php?id=471 und *Security Engineering, A Guide to Building Dependable Distributed Systems*, Ross Anderson, ISBN 0-471-38922-6
[15] Institut der Wirtschaftsprüfer
[16] IDW Stellungnahme zur Rechnungslegung: Grundsätze ordnungs-mäßiger Buchführung bei Einsatz von Informationstechnologie (IDW RS FAIT 1), 24.09.2002, Seite 8 ff.

f) Authentizität der Anwendung, d. h. dass einem durchgeführten ERP-Prozess im Nachhinein der Nutzer zuzuordnen ist, der diesen Prozess angestoßen hat.

Beispiel: Der für eine bestimmte Buchung im Hauptbuch verantwortliche ERP-Nutzer kann im Nachhinein ermittelt werden.

g) Verbindlichkeit der Anwendung, d. h. dass der durchgeführte ERP-Prozess Rechtsverbindlichkeit entfaltet.

Beispiel: Der in einem Finanzbuchungsprozess hinterlegte Buchungssatz findet verbindlichen Eingang in das betriebliche Rechnungswesen.

h) Vertraulichkeit der Anwendung, d. h. nur betrieblich autorisierte Mitarbeiter können auf die ihnen zugedachten Informationen zugreifen.

Beispiel: Ein Vertriebsmitarbeiter hat keine Zugriffsrechte auf HR-Stammdaten.

Die Eigenschaften der Funktionalität sowie der Transparenz können in besonderer Art und Weise durch die Auswahl der ERP-Software bzw. des ERP-Softwareanbieters beeinflusst werden. Es gibt viele ERP-Lösungen, welche funktional auf bestimmte Branchen oder Unternehmensbereiche ausgerichtet sind[17], und ebenso Möglichkeiten, eine flexible und sehr individuell anpassbare ERP-Software mit mächtigen Erweiterungs- sowie Customizingmöglichkeiten anzuschaffen[18]. Gleiches gilt für die Transparenz der ERP-Lösung; neben Anbietern, welche lediglich eine funktionale Software anbieten, aber keinerlei Einsicht in den Quellcode zulassen, gibt es kommerzielle Anbieter, welche Einsicht in den Quellcode zulassen[19] bzw. man diesen auch verändern darf, ebenso wie Open-Source-ERP-Lösungen[20]. Die Erfüllung der Anforderungen an die Verfügbarkeit der ERP-Anwendung hängt insbesondere von drei Faktoren ab, nämlich der funktionalen Voraussetzungen der Software, der Verfügbarkeit ausreichend performanter und kompatibler Hardware sowie der korrekten Konfiguration der Software. Der Forderung nach verbindlichen ERP-Prozessen muss mit betrieblich-organisatorischen Regelungen begegnet werden.

Die Sicherstellung der Integrität, Authentizität, Autorisierung und Vertraulichkeit jedoch erfordert die Einrichtung geeigneter automatisierter und bzw. oder manueller Kontrollen zur

---

[17] Zum Beispiel Bay-2-ERP für Elektrobetriebe, http://www.bay-soft.de/default.aspx
[18] Zum Beispiel SAP ERP, www.sap.de, oder Navision, http://www.microsoft.com/germany/dynamics/
[19] Zum Beispiel mit ABAP im SAP-System oder C/SIDE im Microsoft Navision
[20] Zum Beispiel Compiere, http://www.compiere.com/

Zugriffsregulierung, deren nachhaltige Anwendung sowie den Nachweis darüber. Die hierfür erforderlichen theoretischen Grundlagen sollen im Folgenden dargelegt werden.

3. Konzeptionelle Ansätze des Berechtigungsmanagements

3.1. Anforderungen an ein Berechtigungskonzept

Ein Berechtigungssystem stellt ein regelbasiertes System dar, welches die Fähigkeit zum Zugreifen auf geschützte Ressourcen oder zum Durchführen eines geschützten Prozesses reguliert[21]. Sinn eines Berechtigungssystems ist, dass nur autorisierte Personen auf ihnen im Rahmen betrieblich-organisatorischer Vorüberlegungen zugedachte Daten zugreifen (vgl. die Forderung nach Autorisierung und Vertraulichkeit der ERP-Anwendung) bzw. ERP-Prozesse verändern können[22] (vgl. die Forderung nach Integrität der ERP-Anwendung). Der Grundgedanke der möglichst hohen Prozess-Sicherheit darf jedoch nicht zu einer zu restriktiven Rechtevergabe führen, so dass der Mitarbeiter im Extremfall nicht mehr die ihm zugedachten Aktivitäten durchführen kann.

Des Weiteren muss sichergestellt werden, dass die Verwaltung der Zugangsrechte in möglichst effizienter Form möglich ist, da einerseits Mitarbeiter aufgrund veränderter Aufgabenbereiche evtl. Zugriffsrechte auf andere (Teil-)Prozesse bzw. die damit verbundenen Aktivitäten und Transaktionen brauchen, die ihnen zugewiesen werden müssen, andererseits es für die Rechteverwaltungsinstanz möglich sein muss, den Nutzern nicht mehr benötigte Rechte wieder zu entziehen bzw. insbesondere Analysen und Verfahren anzuwenden, welche unzureichende ERP-Berechtigungsstrukturen erst zur Erkenntnis bringen, um dann entsprechend reagieren zu können.

Des Weiteren sollte hier die Möglichkeit bestehen, bestimmte Funktionstrennungskonflikte[23] möglichst frühzeitig zu erkennen und zu beseitigen, d.h. Situationen, in welchem einem Mitarbeiter aus Abteilung A seine legitimen Datenzugriffsrechte zugewiesen wurden, aber er ebenso die Rechte eines Mitarbeiters aus Abteilung B innehat, obwohl zwischen Abteilung A und Abteilung B eine organisatorische Funktionstrennung vereinbart wurde, um Moral Hazard vorzubeugen. Beispielsweise sollte zwischen den Abteilungen „Kreditorenbuchhaltung" und „Rechnungsprüfung" eine Funktionstrennung herrschen, um das Risiko zu meiden, dass nichtlegitimierte Prozesse wie z. B. Zahlungsprozesse unerkannt bleiben.

---

[21] Eigene Darstellung in Anlehnung an Microsoft Developer Network Library 2009, http://msdn.microsoft.com/de-de/library/fskfdsy4(VS.80).aspx
[22] Negativbeispiel: Zuweisung des SAP_all-Profils im SAP-System an alle ERP-Nutzer
[23] nach http://revisionsportal-austria.com/PruefungBerechtigungen.aspx

Auch sollte eine Möglichkeit bestehen, das Vier-Augen-Prinzip umzusetzen, d.h. dass für zu bestimmende besonders kritische oder von Moral Hazard gefährdete Transaktionen oder Prozesse neben dem prozessauslösenden Mitarbeiter noch ein weiterer Mitarbeiter den angestoßenen Prozess sichten und legitimieren muss, damit der Prozess gestartet werden kann. Vor dem Hintergrund, dass sich ERP-Prozesse nach betrieblich-funktionalen Einheiten (Funktionsorientierung) oder funktionsübergreifenden Geschäftsprozessen (Prozessorientierung) modellieren lassen, sollte das IT-Kontrollsystem dieser Strukturierung Rechnung tragen.

Im Allgemeinen kann angemerkt werden, dass sich die konkreten Anforderungen der Systemlandschaft an das Berechtigungskonzept immer an der konkreten Situation ausrichtet. Eine Möglichkeit der Strukturierung von Zugriffsmodellen ist die Unterscheidung von Multi-Level-Systemen und multilateralen Zugriffsmodellen[24]. Multi-Level-Systeme bieten die Möglichkeit, die Zugriffsobjekte nach Kriterien wie Vertraulichkeit oder Integritätsanforderungen aufsteigend zu klassifizieren und geben deren Nutzung nur an Nutzer frei, welche mindestens über eine der jeweiligen Stufe entsprechenden Zugangsberechtigung verfügen. Im Gegensatz dazu differenzieren multilaterale Zugriffsmodelle nach verschiedenen Segmenten von Zugriffsobjekten wie zum Beispiel funktionalen Einheiten wie „Einkauf" oder „Vertrieb". In modernen Berechtigungssystemen in der Praxis sind meist Merkmale beider Systeme wiederzufinden.

Abb. 1: Multi-Level-Systeme vs. multilaterale Systeme[25]

3.2. Strukturelle Ansätze

Im Rahmen einer ganzheitlichen Betrachtung der Thematik der Prozess-Sicherheit in Hinsicht auf zu nutzende Berechtigungskonzepte ist darauf zu achten, dass sich ein ganzheitliches Lösungskonzept auf alle technischen Strukturdimensionen eines ERP-Systems erstrecken muss. Aufgrund der Vielzahl von technischen Strukturvarianten wie zum Beispiel einer Client-/Server-Architektur, monolithischen Anwendungen, dezentralen Datenbankkonzepten oder serviceorientierten Architekturen ist es schwer, pauschale Vorgehensmodelle zu entwickeln. Vor allem auf Grund der Tatsache, dass die betriebliche Implementierung eines ERP-Systems oft zu einer sehr individuellen technischen

---

[24] Nach http://www.os-t.de/HTML-SELinux/node9.html
[25] Eigene Darstellung

13

Konfiguration führt, soll hier auf die Notwendigkeit der Entwicklung eines individuellen Sicherungskonzeptes hingewiesen werden.

Exemplarisch soll an dieser Stelle das 3-Schicht-Modell eines ERP-Systems, bestehend aus Datenbankschicht, Applikationsschicht und Präsentationsschicht zu Grunde gelegt werden[26].

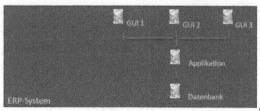

Abb.2: Das 3-Schicht-ERP-Modell[27]

Der Zugriffsschutz auf Präsentationsebene, d.h. die Sicherstellung, dass nur autorisierte Mitarbeiter überhaupt Zugriff auf das ERP-System erhalten, ist Aufgabe des Identitätsmanagements. Der Schutz des ERP-Systems auf Applikationsebene (d.h. die Regulierung der logischen Prozesszugriffe) kann im Rahmen eines Berechtigungsmanagements gelöst werden. Des Weiteren muss beachtet werden[28], dass ebenfalls der direkte (logische) Zugriff auf die Datenbasis wie zum Beispiel über SQL-Befehle oder (physische) Datenträgerentnahme reguliert werden sowie die Hard- und Software vor Verlust und Zerstörung (zum Beispiel durch bauliche Maßnahmen, Zutrittskontrollen, Feuerschutzmaßnahmen etc.) geschützt werden müssen.

3.3. Funktionale Ansätze

3.3.1. Identitätsmanagement

Wichtige Aufgabe des Identitätsmanagement ist es, eine sichere Identitätsfeststellung des ERP-Nutzers sicherzustellen, um unberechtigten Zugang zum ERP-System zu unterbinden. Hierbei fallen ihm im Wesentlichen zwei Funktionen zu, einerseits die Pflege von Identitätsprofilen der Mitarbeiter, welche am ERP-System arbeiten, sowie die Benutzerauthentifizierung an sich[29]. Jeder ordnungsgemäße Benutzer des ERP-Systems muss vom innerbetrieblichen Identitätsmanagement erfasst werden. Dies ist auch Voraussetzung zur Erfüllung der Forderung nach Authentizität, also der Rückverfolgbarkeit der einzelnen ERP-Prozesse zu dem Mitarbeiter, der diesen im ERP-System angestoßen hat.

---

[26] Nach Odenthal Unternehmensberatung: Prozessorientierte Prüfungsansätze im R/3, S.6
[27] Eigene Darstellung
[28] IDW Stellungnahme zur Rechnungslegung: Grundsätze ordnungs-mäßiger Buchführung bei Einsatz von Informationstechnologie (IDW RS FAIT 1), 24.09.2002, Seite 18
[29] nach Stahlknecht/Hasenkamp: Einführung in die Wirtschaftsinformatik, Springer, 11. Aufl, S. 130

Zur Benutzerauthentifizierung haben sich im Wesentlichen zwei verschiedene Ansätze herausgebildet, nämlich das Single-Sign-On-Prinzip und die fortwährende Benutzerauthentifizierung, welche beide im Folgenden kurz skizziert werden sollen. Das Single-Sign-On-Prinzip basiert auf einer einmaligen Authentifikation des Benutzers bei der Anmeldung am ERP-System. Der Benutzer bleibt nun am System angemeldet und kann innerhalb der ihm zustehenden Rechte am ERP-System arbeiten, bis er sich als Nutzer wieder vom System abmeldet. Möchte der Nutzer daraufhin weitere ERP-Prozesse durchführen, so muss er sich in gleicher Art und Weise wieder am System anmelden. Der Authentifizierungsprozess erfolgt in der Praxis oft durch Eingabe einer persönlichen Zugangskennung, welche dem Nutzer eindeutig zugeordnet ist, und einem nur dem Nutzer bekannten geheimen Passwort. Als Vorteil dieses Verfahrens ist zu nennen, dass es sehr einfach ist und der Nutzer sich voll auf die Durchführung der ERP-Geschäftsprozesse konzentrieren kann. Als gravierender Nachteil ist zu nennen, dass während des Betriebes keine weitere Authentifizierung erfolgt und das System weitere Prozesse innerhalb des bestimmten Rechterahmens des Nutzers erlaubt, auch wenn sich dieser nicht mehr an seinem Arbeitsplatz befindet, und somit andere nicht autorisierte Personen Zugriff auf das ERP-System erhalten könnten.

Um dieses Sicherheitsproblem zu vermeiden, kann das System der fortwährenden Benutzerauthentifizierung verwand werden. Hier authentifiziert sich der Nutzer durch ein persönliches Merkmal mit Schnittstelle zur IT[30], welches beim Verlassen des Arbeitsplatzes vom EDV-System entfernt werden muss, welches dann den Zugang zum ERP-System sperrt. In der Praxis sind hier vermehrt beispielsweise Chipkarten bzw. Gegenstände mit integrierter RFID-Technik im Einsatz. Vorteil dieses Ansatzes ist, dass der unberechtigte Zugang zum ERP-System weiter erschwert wird, als Nachteil ist zu nennen, dass auch dieser Ansatz nur Wirkung entfalten kann, wenn der Nutzer das persönliche Merkmal auch tatsächlich beim Verlassen des Arbeitsplatzes entfernt. Um dieses zu gewährleisten, sind in der betrieblichen Unternehmung oftmals organisatorische Regeln vorzufinden.

Abb. 3: Single-Sign-On vs. fortwährende Autorisierungsprüfung[31]

[30] Nach Stahlknecht/Hasenkamp: Einführung in die Wirtschftsinformatik, Springer, 11. Aufl, S. 490
[31] Eigene Darstellung

Sind in der Unternehmung mehrere ERP-Systeme gleichzeitig im Einsatz, so gibt es die Möglichkeit, das ERP-Berechtigungsmanagement für alle ERP-Systeme oder einen Teil davon zentral durchzuführen, und es dem ERP-Nutzer zu erlauben, sich mit einem einzigen Login-Vorgang an allen ERP-Systemen anzumelden. Voraussetzung ist meist eine proprietäre Softwarekomponente[32], welche über entsprechende Schnittstellen zu den eingesetzten ERP-Systemen verfügt. Als wichtigste Vorteile eines solchen Systems sind die einfache Bedienbarkeit durch den ERP-Nutzer und die Möglichkeit der zentralen applikationsübergreifenden und damit potentiell einfacheren Rechtevergabe zu nennen. Dem steht als Nachteil gegenüber, dass die hierfür erforderlichen applikationsübergreifenden technischen und organisatorischen Voraussetzungen erst geschaffen werden müssen, was mit entsprechenden Kosten einhergeht. Darüber hinausgehend sind in der Praxis mittlerweile Systeme anzutreffen, welche das ERP-Identitätsmanagement teilweise in das Identitäts- und Rechtemanagement des Betriebssystems[33] integriert.

3.3.2. Berechtigungsmanagement

Aufgabe des Berechtigungsmanagements ist nun, den einzelnen im Rahmen des Identitätsmanagements erfassten Nutzern des ERP-Systems Berechtigungen zuzuweisen, so dass diese die ihnen organisatorisch zugedachten Prozesse durchführen können.[34]

Zu unterscheiden sind insbesondere die Rechte zum Einsehen, Ändern, Hinzufügen und Löschen von Daten. Eine andere Sichtweise differenziert zwischen dem direkten Zugriff auf Objekte auf der Datenbankebene und dem Zugriff auf ERP-Prozesse auf Applikationsebene, welche dann dem Prozess entsprechend applikationsgesteuert auf Objekte auf der Datenbankebene zugreifen. Es kann hierbei auch differenziert werden in die horizontale (multilaterale) und vertikale (multi-Level) Berechtigungsvergabe. In der Praxis finden sich hier oft Mischformen. [35]Im Rahmen der Einführung eines IT-Kontrollsystems kann in Eingabekontrollen, Verarbeitungskontrollen und Ausgabekontrollen differenziert werden.[36]

Zu beachten ist, dass ein einzelner ERP-Prozess meist auf eine Vielzahl von Datenbankobjekten zugreift, und dass ebenso auf einzelne Datenbankobjekte meist aus vielen unterschiedlichen

---

[32] Zum Beispiel Siemens MetaRole, vgl. auch Winter/Wortmann: Fallstudie GENERALI – Umsetzung einer zentralen rollenbasierten Autorisierungslösung, Universität St. Gallen, Schweiz, 2005
[33] Zum Beispiel in eine bestehende Microsoft Server Active-Directory-Infrastruktur
[34] Ebenso nach Stahlknecht/Hasenkamp: Einführung in die Wirtschftsinformatik, Springer, 11. Aufl, S. 490
[35] Vgl. Winter/Wortmann: Fallstudie GENERALI – Umsetzung einer zentralen rollenbasierten Autorisierungslösung, Universität St. Gallen, Schweiz, 2005
[36] IDW Stellungnahme zur Rechnungslegung: Grundsätze ordnungs-mäßiger Buchführung bei Einsatz von Informationstechnologie (IDW RS FAIT 1), 24.09.2002, S.20

Prozessen zugegriffen werden kann. Die den ERP-Nutzern im Rahmen des Berechtigungsmanagements zugewiesenen Rechte zur Durchführung einzelner ERP-Prozesse müssen also konsequenterweise ebenso den impliziten Zugriff auf die damit verbundenen Datenbankobjekte bieten, um den Prozess ordentlich durchführen zu können.

Im Rahmen der Implementierung eines Berechtigungskonzeptes haben sich verschiedene Modelle etabliert, von denen drei verbreitete Modelle vorgestellt werden sollen.

3.3.2.1. Einzelfallbasierte Berechtigungsmodelle

Diese Form des Berechtigungsmanagements zeichnet sich dadurch aus, dass jedem ERP-Nutzer im Rahmen einer Einzelfallprüfung die von ihm benötigten Rechte zugeordnet werden. Als wichtige Prozessschritte können ausgemacht werden:

1) Einzelfallprüfung der benötigten Prozesszugriffsrechte des Mitarbeiters
2) Zuordnung der zuerkannten Rechte im ERP-System zum jeweiligen Mitarbeiter

Als wichtige Eigenschaften dieses Verfahrens sind zu nennen, dass der administrative Aufwand mit der Anzahl der ERP-Nutzer sehr stark zunimmt und bei jeder personellen oder organisatorischen Veränderung bei jedem betroffenen ERP-Nutzer in vollem Umfang erneut durchlaufen werden muss. Einzelfallbasierte Berechtigungssysteme werden häufig auch als benutzerbestimmbare Berechtigungssysteme bezeichnet, da sich hier die Nutzungsberechtigung allein auf die Identität des ERP-Nutzers stützt und keine weiteren Entscheidungsregeln angewand werden. Eine synonyme Bezeichnung in der Literatur lautet auch auf DAC, Discretionary Access Control[37].

3.3.2.2. Gruppenbasierte Berechtigungsmodelle

Im Rahmen der Implementierung eines gruppenbasierten Berechtigungsmodells[38], welches sich darin auszeichnet, dass der Erhalt eines Prozesszugriffsrechts daran gekoppelt ist, inwiefern für die zu autorisierende Identität eine bestimmte organisatorische und in der DV-Administration hinterlegte Gruppenzugehörigkeit besteht oder nicht besteht, lassen sich folgende Implementierungsschritte ausmachen:

---

[37]Vgl. hierzu http://www.os-t.de/HTML-SELinux/node8.html
[38] Kuppinger: Windows Server 2003, MSPRESS, 2. erw. Auflage, S. 459 ff.

1) Definition von Berechtigungsgruppen

An diesem Schritt werden ausgehend von der betrieblichen Organisationsstruktur verschiedene Berechtigungsgruppen gebildet, wie zum Beispiel „Vertrieb", „Finanzbuchhaltung", „IT mit Administrationsrechten", „IT ohne Administrationsrechte"

2) Zuordnung der Prozesszugriffsrechte zu den jeweiligen Berechtigungsgruppen

Nun werden den jeweiligen Berechtigungsgruppen die Rechte zur Nutzung der ihnen zugedachten Prozessnutzungsfunktionen zugeteilt, wie zum Beispiel die „Rechte zur Buchung von Geschäftsvorfällen im Hauptbuch" in der Berechtigungsgruppe „Finanzbuchhaltung".

3) Organisatorische Zuordnung der Mitarbeiter zu je einer Gruppe

In diesem letzten Prozessschritt wird jeder Nutzer des ERP-Systems genau einer Gruppe zugeteilt und erhält dementsprechende Rechte im ERP-System.

Vorteile dieses Berechtigungsmodells sind, dass es sich mit relativ geringem Aufwand implementieren und administrieren lässt und im Normalfall keine komplizierte Prozess- und Autorisationsanalyse notwendig ist; als Nachteil ist insbesondere zu nennen, dass das gruppenbasierte Berechtigungsmodell lediglich relativ einfache und wenig komplexe Berechtigungsstrukturen abbilden kann. Bei Vorliegen komplexer Berechtigungsstrukturen kann eine Steigerung der Berechtigungszuordnungsgenauigkeit durch eine Steigerung der Berechtigungsgruppenanzahl mit entsprechend differenzierter Rechtevergabe erreicht werden. Dies wird jedoch mit einem stark erhöhten Implementierungs- und Administrationsauswand erkauft und erschwert stark die Übersichtlichkeit und damit die Transparenz des Gesamtberechtigungssystems. Gruppenbasierte Berechtigungsmodelle stellen also im Gegensatz zu einzelfallbasierten Berechtigungsmodellen nicht nur auf die Identität eines ERP-Nutzers ab, sondern zusätzlich auf spezielle Eigenschaften dieser Identität, nämlich seine Gruppenzugehörigkeit, und gehören daher nicht zu der Gruppe der benutzerbestimmten Berechtigungsmodelle, sondern zur Gruppe der MAC-Modelle[39].

3.3.2.3. Rollenbasierte Berechtigungsmodelle

Insbesondere bei Vorliegen komplexer betrieblich-organisatorischer Berechtigungskonzepte und der Notwendigkeit, diese präzise und prozessgerecht im ERP-System abzubilden, haben sich aus den gruppenbasierten Berechtigungskonzepten sogenannte rollenbasierte Berechtigungsmodelle

---

[39] Mandatory Access Control, nach http://www.freebsd.org/doc/en_US.ISO8859-1/books/handbook/mac.html

entwickelt, welche die Möglichkeit bieten, auch komplexe Regeln im Rahmen des Berechtigungsmanagements zu berücksichtigen.

Im Rahmen der Entwicklung des Rechtemanagements im Zuge der Nutzung von ERP-Software im betrieblichen Umfeld hat sich des Weiteren eine schrittweise durchzuführende Standardvorgehensweise herausgebildet[40], welche die Implementierung und Verwaltung eines auch sehr komplexen und in sich konsistenten Rechtemanagementsystems erleichtert und dessen Prozessschritte im Folgenden erläutert werden sollen.

1) Definition von Zugriffsaktivitäten
In diesem Schritt werden mögliche Zugriffe auf alle definierten Objekte wie das Einsehen, Verändern, Hinzufügen und Löschen von Daten identifiziert und als einzelne Zugriffsaktivitäten definiert. Die möglichen Zugriffsaktivitäten sind meist bereits durch die Auswahl des ERP-Systems determiniert. Ein Beispiel für eine Zugriffsaktivität stellt der lesende Zugriff auf eine bestimmte Tabelle in der ERP-Datenbank dar.

2) Identifikation von betrieblichen Teilprozessen und Definition von Einzelrollen
Nun werden betriebliche Teilprozesse definiert und die hierfür erforderlichen ERP-Zugriffsaktivitäten zu einer sogenannten Einzelrolle zusammengefasst, welche dem entsprechenden betrieblichen Teilprozess zugeordnet wird. Diese Einzelrolle enthält die Berechtigung zur Durchführung der in ihr enthaltenen Zugriffsaktivitäten. Ein Beispiel im Rahmen der ERP-Implementierung von Buchungsvorgängen im Hauptbuch im Rahmen der betrieblichen Finanzbuchhaltung ist der lesende Zugriff auf bestimmte verschiedene Tabellenobjekte sowie der lesende und schreibende Zugriff auf weitere bestimmte Tabellenobjekte, welche in diesem Fall die Daten für die Führung des Hauptbuches enthalten.

3) Identifikation von Geschäftsprozessen und Definition von Sammelrollen
Im nächsten Schritt werden nun die in der Unternehmung vorzufindenden Geschäftsprozesse identifiziert und durch Kombination der in Schritt 2 definierten Teilprozesse modelliert. Für jeden Geschäftsprozess werden nun sogenannte Sammelrollen definiert, die sich aus den Einzelrollen der dem Geschäftsprozess zugehörigen Teilprozesse zusammensetzen und somit alle benötigten Rechte zur Durchführung des gesamten definierten Geschäftsprozesses innehaben. Man sagt, die Sammelrolle „erbt" die Rechte der in ihr enthaltenen Einzelrollen. Es ist darauf hinzuweisen, dass die Einzelrollen auch mehreren Sammelrollen zugewiesen werden können. Als Beispiel für die

---

[40] D.F. Ferraiolo, D.R. Kuhn: *Role Based Access Control*. 15th National Computer Security Conference, 1992

ERP-Implementierung des Geschäftsprozesses „Auftragsendabwicklung" mögen die Teilprozesse „Fakturierung" und „Versand" dienen, dessen zugeordnete Einzelrollen nun zu einer Sammelrolle zusammengefasst werden, welche dem Geschäftsprozess „Auftragsendabwicklung" zugeordnet wird.

4) Bildung von Profilen

Ausgehend von den betrieblichen Organisationsstrukturen können nun für einzelne Arbeitsplätze Zusammenfassungen von Berechtigungen erstellt werden, welche dann als Profile[41] bezeichnet werden. Ausgehend von den an den einzelnen Arbeitsplätzen durchzuführenden Geschäftsprozessen werden nun alle den entsprechenden Geschäftsprozessen zugeordneten Sammelrollen zu einem Profil zusammengefasst. Es ist darauf hinzuweisen, dass ein Profil somit einem konkreten Arbeitsplatz entspricht und nicht personengebunden ist. Als Beispiel mag der Arbeitsplatz eines Mitarbeiters in der Buchhaltung dienen, der konkret die Geschäftsprozesse „Rechnungsbearbeitung" und „Inkasso" bearbeitet, welche aus weiteren Teilprozessen bestehen. Für diesen Arbeitsplatz wird nun ein Profil erstellt, welches die Berechtigungen aus den Sammelrollen der o.g. Geschäftsprozesse enthält.

5) Personengebundene Zuordnung der Profile und Rechtekonsolidierung

In diesem Schritt werden den einzelnen Mitarbeitern, welche im Rahmen des Identitätsmanagements erfasst wurden, die ihrem Arbeitsplatz entsprechenden Profile zugeordnet, d.h. sie erhalten genau die Rechte, die sie benötigen, um die ihrem Arbeitsplatz zugedachten Geschäftsprozesse im ERP-System durchzuführen. Eine wichtige Eigenschaft dieses Verfahrens ist, dass bei einem Personalwechsel lediglich darauf zu achten ist, dass dem jeweiligen Mitarbeiter ein genau seinem Arbeitsplatz entsprechendes Profil zugeordnet wird. Sollte ein Mitarbeiter an zwei (funktional) verschiedenen Arbeitsplätzen arbeiten, so können ihm ebenso mehrere Profile zugeordnet werden. Üblicherweise wird jedem ERP-Systemnutzer ein Nutzerstammdatum zugewiesen, in welchem neben allgemeinen Angaben die ihm zugewiesenen Profile enthalten sind.

Im Rahmen der Rechtekonsolidierung ist in regelmäßigen Abständen zu überprüfen, ob die dem Profil zugrunde gelegten Annahmen weiterhin unverändert vorliegen bzw. ob Anpassungen vorzunehmen sind, und ob bei der Zuordnung von mehreren Profilen zu einem Mitarbeiter evtl. Funktionstrennungskonflikte vorliegen.

---

[41] In der Praxis sind durchaus abweichende Bezeichnungen üblich, oft wird auch hier von Rollen gesprochen.

Rollenbasierte Berechtigungskonzepte stellen wie die gruppenbasierten Berechtigungskonzepte keine benutzerbestimmten Modelle dar, da das Berechtigungsverhalten neben der ERP-Nutzer-Identität durch weitere Eigenschaften der Nutzeridentität sowie weitere Entscheidungsregeln determiniert ist. Folgende Tabelle fasst die wichtigsten Eigenschaften nochmals zusammen.

Zuweisungsbasis	Einzelfall	Gruppe	Rolle
Benutzerbestimmbar	ja	Nein	nein
Empfohlen für ...	einfache und sehr einfache Strukturen	komplexe und sehr komplexe Strukturen	komplexe und sehr komplexe Strukturen

Tabelle 1: Vergleich verschiedener Rechtezuweisungskonzepte[42]

Der Vergleich der skizzierten Modelle mag auch durch die folgende Grafik veranschaulicht werden.

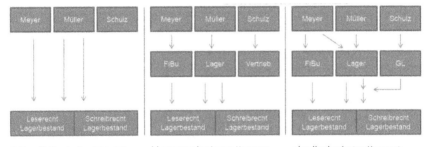

a) Einzelfallbasiertes Konzept   b) gruppenbasiertes Konzept   c) rollenbasiertes Konzept

Abb. 4: Vergleich verschiedener Rechtezuweisungskonzepte[43]

Während den Mitarbeitern im Fall einzelfallbasierter Konzepte ihre organisatorisch zugedachten Zugriffsrechte direkt zugeteilt werden, erfolgt im Fall eines gruppenbasierten Konzepts eine Zwischenzuordnung zu genau einer Nutzergruppe, über die dann die jeweiligen Rechte zugewiesen werden; im Fall rollenbasierter Konzepte besteht zudem die Möglichkeit, einem Mitarbeiter mehreren Nutzergruppen bzw. Profilen zuzuweisen und weitere Entscheidungsregeln wie zum Beispiel die Forderung einer Prozessbestätigung durch die Geschäftsleitung zur Implementierung eines Vier-Augen-Ansatzes.

---

[42] Eigene Darstellung
[43] Eigene Darstellung

3.4. Organisatorische Ansätze

Eine mögliche Differenzierung der organisatorischen Elemente eines Berechtigungssystems ist die Unterscheidung von Berechtigungsnutzern, Berechtigungsverwaltern und der Kontrolle des Berechtigungssystems.

Die erste Organisationsebene, also die Gruppe der Berechtigungsnutzer, stellt die ERP-Nutzer dar, welche im Rahmen der ihnen zugedachten betrieblichen Prozesse und der ihnen zugewiesenen Rechte am ERP-System arbeiten können.

Die zweite Organisationebene, also die Gruppe der Rechteverwalter, bildet den Bereich der Planung, Einführung, Administration und Kontrolle aller mit dem Berechtigungssystem zusammenhängenden Prozesse ab. Vor dem Hintergrund, dass die Rechteverwaltung meist zentral durch IT-Verantwortliche durchgeführt wird, ist hier ein besonders sicherheitskritischer Bereich anzufinden. Ein mögliches Organisationsmodell, welches für viele ERP-Installationen empfohlen[44] wird, soll im Folgenden vorgestellt werden. Grundlage dieses Administrationsmodells ist eine strikte (horizontale) Funktionstrennung innerhalb des ERP-Berechtigungsmanagements und die Einrichtung von drei hierarchisch gleichgestellten administrativen Einheiten, welche jeweils nur in ihrem Administrationsfunktionsbereich tätig sein dürfen und ebenso auch nur diese hierfür erforderlichen ERP-Berechtigungen erhalten. Der erste Funktionsbereich ist die Benutzerverwaltung. Hier werden die ERP-Nutzerstammdaten gepflegt, neue Nutzer hinzugefügt und nicht mehr benötigte Nutzerstammdaten gelöscht. Des Weiteren erfolgt hier die Zuordnung der einzelnen Profile zu den Nutzerstammdatensätzen. Eine Veränderung der einzelnen Profile ist in diesem Funktionsbereich nicht vorgesehen. Der zweite Funktionsbereich ist die Berechtigungsdatenverwaltung. Hier erfolgt die Zuordnung und Anpassung der einzelnen Zugriffsaktivitäten wie zum Beispiel das „Sichten oder Pflegen eines Datenbankobjekts" zu den jeweiligen Einzelrollen. Insbesondere können hier auch einzelne Zugriffsaktivitäten neu definiert oder vorhandene gesperrt werden. Der dritte Funktionsbereich ist die Berechtigungsprofilverwaltung. Diese dient als Schnittstelle zwischen der Benutzerverwaltung und der Berechtigungsdatenverwaltung und pflegt die Sammelrollen und Profile auf Basis der Geschäftsprozesse bzw. Arbeitsplatzbeschreibungen. Durch diese Dreiteilung ist sichergestellt, dass nicht allumfassende Administrationsgewalt „in einer Hand" ist und somit vorsätzliche oder fahrlässige Manipulationen des Berechtigungssystems aufgrund der Arbeitsteilung und gegenseitiger Kontrolle besser vermieden werden können.

---

[44] Empfehlung der SAP AG nach Appelrath, Ritter: R/3 Einführung, 2000, Springer

Die dritte Organisationsebene, also die Kontrolle des Berechtigungssystems[45], stellt eine Metainstanz dar, welche für die fortwährende konzeptionelle Überprüfung und Kontrolle des Berechtigungssystems verantwortlich ist. Als wichtige Aufgaben dieser Instanz sind insbesondere die Überprüfung der korrekten Rollendefinitionen und –vergabe im Rahmen der Compliance-Forderungen sowie die Sicherstellung einer möglichst hohen Effizienz des gesamten Berechtigungsmanagements zu nennen.

---

[45] Siehe hierzu auch IDW Stellungnahme zur Rechnungslegung: Grundsätze ordnungs-mäßiger Buchführung bei Einsatz von Informationstechnologie (IDW RS FAIT 1), 24.09.2002, S.23

4. Fazit

Zur Erreichung einer möglichst hohen Prozess-Sicherheit in ERP-Systemen stellen Berechtigungskonzepte kein hinreichendes, aber ein notwendiges Instrument dar. Es existieren verschiedene Arten von Rechtezuweisungskonzepten, welche alle ihre Vor- und Nachteile haben, so dass diese vor dem Hintergrund der konkreten betrieblichen Situation auszuwählen sind. Insbesondere rollenbasierte Berechtigungskonzepte stellen ein geeignetes Mittel dar, auch in organisatorisch komplexen Unternehmungen die individuellen Berechtigungsbeziehungen zwischen den einzelnen Mitarbeitern und den verschiedenen ERP-Prozessen abzubilden, die einzelnen Geschäftsprozesse gegen unbefugten Zugriff abzusichern, das Prozessrisiko zu vermindern und trotzdem ein hohes Maß an Flexibilität bei Veränderungsprozessen innerhalb der Unternehmung zu gewährleisten. Bedingung hierfür ist eine präzise Definition der Rollen sowie die konsequente und präzise Verwaltung des Berechtigungssystems.

Hier liegen letztendlich auch die Schwächen jedes Berechtigungskonzeptes, denn die konsequente Pflege des Berechtigungssystems ist eine Grundvoraussetzung für dessen Wirkungsentfaltung. Gefragt sind an dieser Stelle weniger technisch-konzeptionelle als vielmehr organisatorische Maßnahmen, entsprechende innerbetriebliche Anreizsysteme und deren Kontrolle. Dies gilt ebenso für das Identitätsmanagement, in dessen Rahmen mit Passwort-Policys oder Nutzeridentifikationsmerkmalen wie zum Beispiel Smartcards gearbeitet werden kann, um die Sicherheit des ERP-Berechtigungssystems zu erhöhen.

Auch die Integration isolierter oder vernetzter heterogener ERP-Landschaften in dezentralen IT-Systemen stellt heute keine große technische Hürde mehr dar, solange Standardsoftware eingesetzt wird und diese die entsprechenden Schnittstellen zu einer integrativen Softwarelösung zur Implementierung zentraler Administrationslösungen bietet.

Insgesamt kann gesagt werden, dass aus regulativen wie betrieblich-ökonomischen Gründen zur Vermeidung negativer Effekte betriebliche ERP-Berechtigungssysteme meist notwendigerweise einzusetzen sind, diese aber bei sorgfältiger Auswahl und Einführung des Berechtigungssystems bei Beachtung der konkreten betrieblichen Gegebenheiten einen wichtigen Beitrag zur Steigerung der Prozess-Sicherheit im Rahmen der Abwicklung DV-gestützter ERP-Geschäftsprozesse und damit auch einen positiven Beitrag zum Unternehmenserfolg leisten können.

IV weiterführende Literatur

Institut der Wirtschaftsprüfer   Stellungnahme zur Rechnungslegung: Grundsätze ordnungs-mäßiger Buchführung bei Einsatz von Informationstechnologie, IDW RS FAIT 1, 24.09.2002

Bundesfinanzministerium   Grundsätze ordnungsmäßiger DV-gestützter Buchführungssysteme (GoBS), IV A 8 - S 0316 - 52/95- BStBl 1995 I S. 738, 1995

Library of US Congress   Sarbanes-Oxley Act, H.R.3763, Public Law 107–204,107th Congress

Voigt: COSO und CobiT zur Unterstützung der Corporate Governance, GRIN, 1. Aufl, 2007

Schmidt/Tsolkas: Rollen- und Berechtigungskonzepte: Identity Management und Berechtigungsmanagement im Unternehmen, Hanser, 1. Auflage, 2007

Stahlknecht/Hasenkamp: Einführung in die Wirtschaftsinformatik, Springer, 10. Aufl., 2001

Zsunyi: Einführung von SAP, GRIN, 1. Auflage, 2007

Kohnke/Bungart: SAP-Einführung mit Change Management: Konzepte, Erfahrungen und Gestaltungsempfehlungen, Gabler, 1. Auflage, 2005

Poguntke: Basiswissen IT-Sicherheit: Das wichtigste für den Schutz von Systemen & Daten, W3L, 1. Auflage, 2007

Weißbach: ERP-Einführungen in der Praxis: Ein Handbuch für Führungskräfte und IT-Praktiker, VDM, 1. Auflage, 2006

Jungebluth: Das ERP-Pflichtenheft: Enterprise Resource Planning, MITP, 4.Auflage, 2008